CARNET DE COMPTE
À REMPLIR

AGENDA NON DATÉ
12 MOIS

Virginie FRATELLI

FSC
www.fsc.org
MIXTE
Papier issu
de sources
responsables
Paper from
responsible sources
FSC® C105338

CE CARNET DE COMPTE CONTIENT :

POUR CHAQUE MOIS :

✔ Une page pour les revenus et les dépenses fixes,

✔ 3 pages pour le suivi des dépenses en temps réel.

EN BONUS, À LA FIN DU CARNET :

✔ 3 pages de tableaux de suivi de chèques,

✔ 3 défis épargne.

ASTUCE
POUR ÉPARGNER FACILEMENT CHAQUE MOIS

En début de mois, il est primordial de comptabiliser

un montant à épargner dans vos dépenses fixes.

Il est à définir en fonction de vos moyens,

peu importe la somme,

le plus important étant d'épargner chaque mois.

2023, Virginie FRATELLI ©
Édition : BoD - Books on Demand, info@bod.fr

Impression: BoD - Books on Demand, In de Tarpen 42,
Norderstedt (Allemagne)

Impression à la demande
ISBN: 978-2-3224-7468-4
Dépôt légal: Août 2023

SUIVI DE
COMPTE

Solde du compte le 1er .... $\longrightarrow$ €

Salaire 1	....	**Pensions**	....
Salaire 2	....	**Allocations**	....
. . . .	....	. . . .	....

SOLDE + TOTAL REVENUS $\longrightarrow$ €

Loyer / crédit immo	....	**Mutuelle**	....
Electricité	....	**Assurance auto/moto**	....
Eau	....	**Abonnement internet**	....
Gaz	....	**Forfait téléphone**	....
E P A R G N E	....	**Crédit conso**	....
....	....	....	....
....	....	....	....
....	....	....	....
....	....	....	....

TOTAL DÉPENSES FIXES $\longrightarrow$ €

MONTANT RÉEL RESTANT POUR LE MOIS $\longrightarrow$ €

(Total des revenus moins total des dépenses fixes)

SUIVI EN TEMPS RÉEL À PARTIR DU MONTANT RESTANT

DATE	DESCRIPTIF	+/- MONTANT	SOLDE

SUIVI EN TEMPS RÉEL: MOIS DE ....

DATE	DESCRIPTIF	+/- MONTANT	SOLDE

SUIVI EN TEMPS RÉEL: MOIS DE ....

DATE	DESCRIPTIF	+/- MONTANT	SOLDE

NOTES PERSONNELLES:

Solde du compte le 1er .... ⟶ [€]

R E V E N U S

Salaire 1	....	Pensions	....
Salaire 2	....	Allocations	....
. . . .	....	. . . .	....

SOLDE + TOTAL REVENUS ⟶ [€]

D É P E N S E S   F I X E S

Loyer / crédit immo	....	Mutuelle	....
Electricité	....	Assurance auto/moto	....
Eau	....	Abonnement internet	....
Gaz	....	Forfait téléphone	....
E P A R G N E	....	Crédit conso	....
....	....	....	....
....	....	....	....
....	....	....	....
....	....	....	....

TOTAL DÉPENSES FIXES ⟶ [€]

MONTANT RÉEL RESTANT POUR LE MOIS ⟶ [€]
(Total des revenus moins total des dépenses fixes)

SUIVI EN TEMPS RÉEL À PARTIR DU MONTANT RESTANT

DATE	DESCRIPTIF	+/- MONTANT	SOLDE

SUIVI EN TEMPS RÉEL: MOIS DE ....

DATE	DESCRIPTIF	+/- MONTANT	SOLDE

SUIVI EN TEMPS RÉEL: MOIS DE ....

DATE	DESCRIPTIF	+/- MONTANT	SOLDE

NOTES PERSONNELLES:

Solde du compte le 1er .... → €

R E V E N U S

Salaire 1	....	Pensions	....
Salaire 2	....	Allocations	....
....	....	....	....

SOLDE + TOTAL REVENUS ⟶ €

D É P E N S E S   F I X E S

Loyer / crédit immo	....	Mutuelle	....
Electricité	....	Assurance auto/moto	....
Eau	....	Abonnement internet	....
Gaz	....	Forfait téléphone	....
E P A R G N E	....	Crédit conso	....
....	....	....	....
....	....	....	....
....	....	....	....
....	....	....	....

TOTAL DÉPENSES FIXES ⟶ €

MONTANT RÉEL RESTANT POUR LE MOIS ⟶ €

(Total des revenus moins total des dépenses fixes)

SUIVI EN TEMPS RÉEL À PARTIR DU MONTANT RESTANT

DATE	DESCRIPTIF	+/- MONTANT	SOLDE

SUIVI EN TEMPS RÉEL: MOIS DE ....

DATE	DESCRIPTIF	+/- MONTANT	SOLDE

SUIVI EN TEMPS RÉEL: MOIS DE ....

DATE	DESCRIPTIF	+/- MONTANT	SOLDE

NOTES PERSONNELLES:

Solde du compte le 1er .... $\longrightarrow$ €

R E V E N U S

Salaire 1	....	**Pensions**	....
Salaire 2	....	**Allocations**	....
. . . .	....	. . . .	....

SOLDE + TOTAL REVENUS $\longrightarrow$ €

D É P E N S E S   F I X E S

Loyer / crédit immo	....	**Mutuelle**	....
Electricité	....	**Assurance auto/moto**	....
Eau	....	**Abonnement internet**	....
Gaz	....	**Forfait téléphone**	....
E P A R G N E	....	**Crédit conso**	....
....	....	....	....
....	....	....	....
....	....	....	....
....	....	....	....

TOTAL DÉPENSES FIXES $\longrightarrow$ €

MONTANT RÉEL RESTANT POUR LE MOIS $\longrightarrow$ €

(Total des revenus moins total des dépenses fixes)

SUIVI EN TEMPS RÉEL À PARTIR DU MONTANT RESTANT

DATE	DESCRIPTIF	+/- MONTANT	SOLDE

SUIVI EN TEMPS RÉEL: MOIS DE ....

DATE	DESCRIPTIF	+/- MONTANT	SOLDE

SUIVI EN TEMPS RÉEL: MOIS DE ....

DATE	DESCRIPTIF	+/- MONTANT	SOLDE

NOTES PERSONNELLES:

____

____

Solde du compte le 1er .... ⟶ | €

R E V E N U S

Salaire 1	....	Pensions	....
Salaire 2	....	Allocations	....
. . . .	....	. . . .	....

SOLDE + TOTAL REVENUS ⟶ | €

D É P E N S E S   F I X E S

Loyer / crédit immo	....	Mutuelle	....
Electricité	....	Assurance auto/moto	....
Eau	....	Abonnement internet	....
Gaz	....	Forfait téléphone	....
EPARGNE	....	Crédit conso	....
....	....	....	....
....	....	....	....
....	....	....	....
....	....	....	....

TOTAL DÉPENSES FIXES ⟶ | €

MONTANT RÉEL RESTANT POUR LE MOIS ⟶ | €

(Total des revenus moins total des dépenses fixes)

SUIVI EN TEMPS RÉEL À PARTIR DU MONTANT RESTANT

DATE	DESCRIPTIF	+/- MONTANT	SOLDE

SUIVI EN TEMPS RÉEL: MOIS DE ....

DATE	DESCRIPTIF	+/- MONTANT	SOLDE

SUIVI EN TEMPS RÉEL: MOIS DE ....

DATE	DESCRIPTIF	+/- MONTANT	SOLDE

NOTES PERSONNELLES:

____

____

Solde du compte le 1er .... → [€]

R E V E N U S

Salaire 1	**Pensions** ....
Salaire 2	**Allocations** ....
. . . .	. . . .

SOLDE + TOTAL REVENUS ⟶ [€]

D É P E N S E S   F I X E S

Loyer / crédit immo	**Mutuelle** ....
Electricité	**Assurance auto/moto** ....
Eau	**Abonnement internet** ....
Gaz	**Forfait téléphone** ....
E P A R G N E	**Crédit conso** ....
....	....
....	....
....	....
....	....

TOTAL DÉPENSES FIXES ⟶ [€]

MONTANT RÉEL RESTANT POUR LE MOIS ⟶ [€]

(Total des revenus moins total des dépenses fixes)

SUIVI EN TEMPS RÉEL À PARTIR DU MONTANT RESTANT

DATE	DESCRIPTIF	+/- MONTANT	SOLDE

SUIVI EN TEMPS RÉEL: MOIS DE ....

DATE	DESCRIPTIF	+/- MONTANT	SOLDE

SUIVI EN TEMPS RÉEL: MOIS DE ....

DATE	DESCRIPTIF	+/- MONTANT	SOLDE

NOTES PERSONNELLES:

Solde du compte le 1er .... → [€]

R E V E N U S

Salaire 1	....	Pensions	....
Salaire 2	....	Allocations	....
. . . .	....	. . . .	....

SOLDE + TOTAL REVENUS ⟶ [€]

D É P E N S E S   F I X E S

Loyer / crédit immo	....	Mutuelle	....
Electricité	....	Assurance auto/moto	....
Eau	....	Abonnement internet	....
Gaz	....	Forfait téléphone	....
E P A R G N E	....	Crédit conso	....
....	....	....	....
....	....	....	....
....	....	....	....
....	....	....	....

TOTAL DÉPENSES FIXES ⟶ [€]

<u>MONTANT RÉEL RESTANT POUR LE MOIS</u> → [€]

(Total des revenus moins total des dépenses fixes)

SUIVI EN TEMPS RÉEL À PARTIR DU MONTANT RESTANT

DATE	DESCRIPTIF	+/- MONTANT	SOLDE

SUIVI EN TEMPS RÉEL: MOIS DE ....

DATE	DESCRIPTIF	+/- MONTANT	SOLDE

SUIVI EN TEMPS RÉEL: MOIS DE ....

DATE	DESCRIPTIF	+/- MONTANT	SOLDE

NOTES PERSONNELLES:

Solde du compte le 1er .... ⟶ ▢ **€**

R E V E N U S

Salaire 1	**Pensions** ....
Salaire 2	**Allocations** ....
. . . .	. . . .

SOLDE + TOTAL REVENUS ⟶ ▢ **€**

D É P E N S E S   F I X E S

Loyer / crédit immo	**Mutuelle** ....
Electricité	**Assurance auto/moto** ....
Eau	**Abonnement internet** ....
Gaz	**Forfait téléphone** ....
E P A R G N E	**Crédit conso** ....
....	....
....	....
....	....
....	....

TOTAL DÉPENSES FIXES ⟶ ▢ **€**

MONTANT RÉEL RESTANT POUR LE MOIS ⟶ ▢ **€**

(Total des revenus moins total des dépenses fixes)

SUIVI EN TEMPS RÉEL À PARTIR DU MONTANT RESTANT

DATE	DESCRIPTIF	+/- MONTANT	SOLDE

SUIVI EN TEMPS RÉEL: MOIS DE ....

DATE	DESCRIPTIF	+/- MONTANT	SOLDE

SUIVI EN TEMPS RÉEL: MOIS DE ....

DATE	DESCRIPTIF	+/- MONTANT	SOLDE

NOTES PERSONNELLES:

Solde du compte le 1er .... → $\boxed{\quad\text{€}}$

R E V E N U S

Salaire 1	....	**Pensions**	....
Salaire 2	....	**Allocations**	....
. . . .	....	. . . .	....

SOLDE + TOTAL REVENUS ⟶ $\boxed{\quad\text{€}}$

D É P E N S E S   F I X E S

Loyer / crédit immo	....	**Mutuelle**	....
Electricité	....	**Assurance auto/moto**	....
Eau	....	**Abonnement internet**	....
Gaz	....	**Forfait téléphone**	....
E P A R G N E	....	**Crédit conso**	....
....	....	....	....
....	....	....	....
....	....	....	....
....	....	....	....

TOTAL DÉPENSES FIXES ⟶ $\boxed{\quad\text{€}}$

MONTANT RÉEL RESTANT POUR LE MOIS ⟶ $\boxed{\quad\text{€}}$

(Total des revenus moins total des dépenses fixes)

SUIVI EN TEMPS RÉEL À PARTIR DU MONTANT RESTANT

DATE	DESCRIPTIF	+/- MONTANT	SOLDE

SUIVI EN TEMPS RÉEL: MOIS DE ....

DATE	DESCRIPTIF	+/- MONTANT	SOLDE

SUIVI EN TEMPS RÉEL: MOIS DE ....

DATE	DESCRIPTIF	+/- MONTANT	SOLDE

NOTES PERSONNELLES:

Solde du compte le 1er .... ⟶ [€]

REVENUS

Salaire 1	....	**Pensions**	....
Salaire 2	....	**Allocations**	....
. . . .	....	. . . .	....

SOLDE + TOTAL REVENUS ⟶ [€]

DÉPENSES FIXES

Loyer / crédit immo	....	**Mutuelle**	....
Electricité	....	**Assurance auto/moto**	....
Eau	....	**Abonnement internet**	....
Gaz	....	**Forfait téléphone**	....
EPARGNE	....	**Crédit conso**	....
....	....	....	....
....	....	....	....
....	....	....	....
....	....	....	....

TOTAL DÉPENSES FIXES ⟶ [€]

MONTANT RÉEL RESTANT POUR LE MOIS ⟶ [€]

(Total des revenus moins total des dépenses fixes)

SUIVI EN TEMPS RÉEL À PARTIR DU MONTANT RESTANT

DATE	DESCRIPTIF	+/- MONTANT	SOLDE

SUIVI EN TEMPS RÉEL: MOIS DE ....

DATE	DESCRIPTIF	+/- MONTANT	SOLDE

SUIVI EN TEMPS RÉEL: MOIS DE ....

DATE	DESCRIPTIF	+/- MONTANT	SOLDE

NOTES PERSONNELLES:

Solde du compte le 1er .... ⟶ ☐ €

R E V E N U S

Salaire 1	....	Pensions	....
Salaire 2	....	Allocations	....
. . . .	....	. . . .	....

SOLDE + TOTAL REVENUS ⟶ ☐ €

D É P E N S E S   F I X E S

Loyer / crédit immo	....	Mutuelle	....
Electricité	....	Assurance auto/moto	....
Eau	....	Abonnement internet	....
Gaz	....	Forfait téléphone	....
E P A R G N E	....	Crédit conso	....
....	....	....	....
....	....	....	....
....	....	....	....
....	....	....	....

TOTAL DÉPENSES FIXES ⟶ ☐ €

MONTANT RÉEL RESTANT POUR LE MOIS ⟶ ☐ €

(Total des revenus moins total des dépenses fixes)

SUIVI EN TEMPS RÉEL À PARTIR DU MONTANT RESTANT

DATE	DESCRIPTIF	+/- MONTANT	SOLDE

SUIVI EN TEMPS RÉEL: MOIS DE ....

DATE	DESCRIPTIF	+/- MONTANT	SOLDE

SUIVI EN TEMPS RÉEL: MOIS DE ....

DATE	DESCRIPTIF	+/- MONTANT	SOLDE

NOTES PERSONNELLES:

Solde du compte le 1er .... $\longrightarrow$ $\boxed{\qquad €}$

Salaire 1 .... | **Pensions** ....

Salaire 2 .... | **Allocations** ....

. . . . | . . . .

SOLDE + TOTAL REVENUS $\longrightarrow$ $\boxed{\qquad €}$

Loyer / crédit immo .... | **Mutuelle** ....

Electricité .... | **Assurance auto/moto** ....

Eau .... | **Abonnement internet** ....

Gaz .... | **Forfait téléphone** ....

E P A R G N E .... | **Crédit conso** ....

.... | ....

.... | ....

.... | ....

.... | ....

TOTAL DÉPENSES FIXES $\longrightarrow$ $\boxed{\qquad €}$

<u>**MONTANT RÉEL RESTANT POUR LE MOIS**</u> $\longrightarrow$ $\boxed{\qquad €}$

(Total des revenus moins total des dépenses fixes)

SUIVI EN TEMPS RÉEL À PARTIR DU MONTANT RESTANT

DATE	DESCRIPTIF	+/- MONTANT	SOLDE

SUIVI EN TEMPS RÉEL: MOIS DE ....

DATE	DESCRIPTIF	+/- MONTANT	SOLDE

SUIVI EN TEMPS RÉEL: MOIS DE ....

DATE	DESCRIPTIF	+/- MONTANT	SOLDE

NOTES PERSONNELLES:

SUIVI DES CHÈQUES

CHÈQUE N°	DATE	MONTANT	DESTINATAIRE	DATE D'ENCAISS - EMENT
CHÈQUE N°	DATE	MONTANT	DESTINATAIRE	

SUIVI DES CHÈQUES

CHÈQUE N°	DATE	MONTANT	DESTINATAIRE	DATE D'ENCAISS - EMENT
CHÈQUE N°	DATE	MONTANT	DESTINATAIRE	DATE D'ENCAISS - EMENT

SUIVI DES CHÈQUES

CHÈQUE N°	DATE	MONTANT	DESTINATAIRE	DATE D'ENCAISS - EMENT

3
DÉFIS
ÉPARGNE

DÉFI N° 1

Le défi 5€

Dès que vous aurez un billet de 5€ (et que vous n'en aurez absolument pas besoin dans votre budget), placez le dans une petite enveloppe... et ainsi de suite.

Ceci deviendra rapidement un jeu et vous aurez hâte que l'hôtesse de caisse vous rende un billet de 5€ pour pouvoir le mettre dans votre tirelire.

Vous n'êtes pas obligé(e) de vous précipiter et de finir le challenge en 2 mois, même s'il vous faut 5 mois pour le faire, ce n'est pas grave.

Le but est d'économiser en s'amusant.

Cela peut sembler difficile à réaliser mais vous verrez que c'est possible d'y arriver relativement rapidement.

Lorsque vous aurez coché toutes les cases de ce défi 5€ :

VOUS AUREZ ÉPARGNÉ 100 €

DÉFI N° 1

DÉFI N° 2

1 mois sans dépense

Vous avez besoin d'économiser ou de réduire fortement vos dépenses ?

Alors le "Mois sans aucune dépense" est le défi à tester !

Un mois sans dépenses ne signifie pas que l'on n'achète absolument plus rien. Le mois sans dépense est une période pendant laquelle on arrête de dépenser de l'argent pour autre chose que l'essentiel.

Pour vous aider, voici le calendrier de suivi où vous pouvez cocher chaque jour qui passe sans aucune dépense :

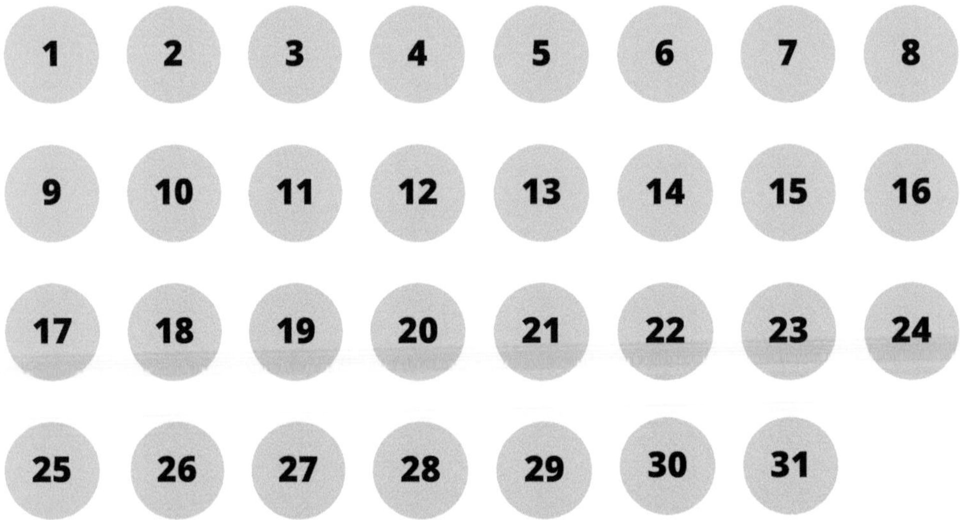

DÉFI N° 3

Le défi des jours fériés

1er janvier : Jour de l'an	10 €	☐
Lundi de Pâques	20 €	☐
1er Mai : Fête du travail	20 €	☐
8 Mai : Victoire de 1945	20 €	☐
Jeudi de l'Ascension	20 €	☐
Lundi de Pentecôte	20 €	☐
14 Juillet : Fête nationale	20 €	☐
15 Août : Assomption	20 €	☐
1er Novembre : Toussaint	20 €	☐
11 Novembre : Armistice	20 €	☐
25 décembre : Jour de noël	10 €	☐

Le principe est simple, pour chaque jour férié :

cochez la case correspondante et mettez la somme dans une enveloppe.

À LA FIN DE CE DÉFI, VOUS AUREZ ÉPARGNÉ 200 €

NOTES PERSONNELLES

Merci pour votre confiance.

Si vous avez apprécié ce carnet de compte, n'hésitez pas à laisser un commentaire sur les plateformes de vente en ligne.

Vos retours sont très importants pour moi. En laissant un avis positif, vous contribuez non seulement à promouvoir ce livre, mais vous m' encouragez également à continuer de produire de nouveaux outils qui facilitent le quotidien.

J'espère sincèrement que ce carnet vous plaira autant que j'ai pris de plaisir à le concevoir et qu'il vous permettra de réaliser de nombreuses économies!

Un grand merci d'avance

Virginie Fratelli

Suivez ma page
Facebook
" Virginie Fratelli "
en flashant ce QR code